# BEI GRIN MACHT SICH IHR WISSEN BEZAHLT

**Bibliografische Information der Deutschen Nationalbibliothek:**

Die Deutsche Bibliothek verzeichnet diese Publikation in der Deutschen National-bibliografie; detaillierte bibliografische Daten sind im Internet über http://dnb.d-nb.de/ abrufbar.

**Impressum:**

Copyright © 2019 GRIN Verlag
Druck und Bindung: Books on Demand GmbH, Norderstedt Germany
ISBN: 9783668968929

**Dieses Buch bei GRIN:**

https://www.grin.com/document/489210

**Lea Biechele**

# Selbst- und Zeitmanagement im Studium

## Möglichkeiten und Grenzen

GRIN Verlag

**GRIN - Your knowledge has value**

Der GRIN Verlag publiziert seit 1998 wissenschaftliche Arbeiten von Studenten, Hochschullehrern und anderen Akademikern als eBook und gedrucktes Buch. Die Verlagswebsite www.grin.com ist die ideale Plattform zur Veröffentlichung von Hausarbeiten, Abschlussarbeiten, wissenschaftlichen Aufsätzen, Dissertationen und Fachbüchern.

**Besuchen Sie uns im Internet:**

http://www.grin.com/

http://www.facebook.com/grincom

http://www.twitter.com/grin_com

# Einsendepräsentation

**Selbst- und Zeitmanagement im Studium: Möglichkeiten und Grenzen**

Modul: Selbstmanagement

Studiengang: Soziale Arbeit

von

Lea Sophie Biechele

## Genderhinweis

Aus Gründen der besseren Lesbarkeit wird in dieser Einsendepräsentation auf das Gendern verzichtet, gemeint sind natürlich stets alle Geschlechter.

## Abkürzungsverzeichnis

u.ä. = und ähnliches

z.B. = zum Beispiel

PPT = PowerPoint

etc. = et cetera

engl. = englisch

evtl. = eventuell

# I. Zielgruppenanalyse

„Wer sich in Menschen, in seine Zuhörer einfühlen, hineinversetzen kann, gewinnt die Sympathie seiner Zuhörer." (Hermann-Ruess, 2010, S. 29)

Bei der Zielgruppenanalyse werden Aspekte wie Einstellungen, Bedürfnisse, Vorkenntnisse/ -wissen, Motive, Erwartungen u. ä. der Zuhörer betrachtet. So kann das gleiche Thema, je nach Zielgruppe, auf unterschiedliche Weise strukturiert und Schwerpunkte unterschiedlich gelegt werden. Dadurch wird gewährleistet, dass die Präsentation zielgruppengerecht und prägnant gestaltet wird. (Arenberg, 2015, S. 54-55)

In diesem Fall ist die Gruppe der Zuhörer sehr heterogen in Bezug auf das Alter und setzt sich aus 25 Personen unterschiedlichster Lebensbereiche zusammen:

Sechs Personen haben schon einmal (zeitweise) studiert und konnten während des Erststudiums sehr wahrscheinlich schon Vorwissen zum Thema Selbst- und Zeitmanagement sammeln. Davon hat eine Person ihr Studium erfolgreich abgeschlossen und kann eventuell nützliche Beiträge während des Vortrags miteinbringen.

90 %, also circa 23 Personen, stehen im Berufsleben und können im Rahmen der Ausbildung und/ oder einer Weiterbildung bereits einige Kenntnisse erworben haben, das Gegenteil ist aber auch möglich.

Es ist nicht bekannt, ob die Teilnahme an der Veranstaltung freiwillig oder verpflichtend ist. Falls Letzteres eintrifft, ist es möglich, dass ein Teil der Zuhörer nicht aus eigenem Willen gekommen ist. Dies ist ein großer Ansporn, sie von der Wichtigkeit eines „richtigen" Selbst- und Zeitmanagement zu überzeugen.

Ein Grund die Präsentation aus freien Stücken zu besuchen ist, dass die Besucher der Präsentation sich Tipps und Tricks im Umgang mit dem „Neuland" Studium erhoffen, dies kann z.B. der richtige Umgang mit den Studienmaterialien, eine effektive Vorbereitung auf Klausuren, effizientes Lernen oder aber auch ein „get-together"[1] mit Gleichgesinnten sein, um sich über das Zusammenspiel von Studium, Beruf und Familie sowie Freizeit austauschen zu können.

---

[1] Lockeres Beisammensein zum persönlichen Kennenlernen

Da fast ein Drittel der Teilnehmer bereits eine Familie hat, ist davon auszugehen, dass diese sich inhaltlich dafür interessieren, wie Familie, Studium, eventuell Beruf und Freizeit miteinander verbunden werden können, um eine ausgewogene Work-Life-Balance herzustellen. Von der Familie abgesehen, ist dies ein Punkt, der wohl das gesamte Publikum anspricht. Das Vertrauen in die Rednerin ist hoch, da diese eine Art „Vorbild-Funktion" hat und die Zuhörer von ihrem Expertenwissen profitieren können. Gute Organisation in Bezug auf den Aufbau der Präsentation und den Medieneinsatz, eine laute und deutliche Aussprache sowie kompetentes Auftreten, sind Erwartungen denen diese gerecht werden sollte. Vor allem, da sie als junge Frau ein seriöses Erscheinungsbild braucht, um beim Publikum landen zu können und ernst genommen zu werden.

## II. Zielsetzung und Kernbotschaft der Präsentation

### Zielsetzung:

Das Ziel der Präsentation ist zum einen, den Studenten Begriffsbestimmungen zu den Begriffen Selbst- und Zeitmanagement zu vermitteln und sie mit spezifischen Techniken vertraut zu machen, die sie anschließend auf sich selbst anwenden können. Zum anderen sollen sie von der positiven Wirksamkeit eines effizienten Selbst- und Zeitmanagement, in Bezug auf ein erfolgreiches Studium und eine ausgewogene Work-Life-Balance, überzeugt werden und deren Nutzen erkennen.

**Kernbotschaft:** Selbst- und Zeitmanagement: Schlüsselkompetenzen für effiziente Zielerreichung im Privat- und Berufsleben, sowie eine gesunde Work-Life-Balance.

## III. Konzept der Präsentation

### Medieneinsatz

Um eine breite Masse der Zuhörerschaft zu erreichen und die Präsentation vielfältig, locker und abwechslungsreich zu gestalten, gibt es einen Medienwechsel zwischen Power-Point und Flipchart. Bei Letzterem können die Zuhörer selbst aktiv an der Gestaltung teilhaben. Durch solche Zwischenreize wird die Aufmerksamkeit immer wieder hergestellt und Aufmerksamkeitstiefs werden weitestgehend umgangen. Der Einsatz der Medien erfolgt visuell und auditiv. Da die kognitiven Ressourcen der Zuhörer stets begrenzt sind und eine Reizüberflutung vermieden werden soll, werden die Inhalte der einzelnen PPT-Folien kurz und knapp gehalten, die Gestaltung minimalistisch. So erfüllt auch mal ein Bild nach dem Motto „ein Bild sagt mehr als 1000 Wort" seinen Zweck. Am Ende der Präsentation wird darauf hingewiesen, dass die Folien der PPT Präsentation sowie ein Handout mit der Kernbotschaft und einer Zusammenfassung der wichtigsten Informationen im E-Campus abgerufen werden können. Dies trägt dazu bei, dass die Präsentation nachgearbeitet und das Thema vertieft werden kann. (Renz, 2016, S. 67–148)

## *Einleitung*

**Zeitliche Planung:**   Dauer der Präsentation insgesamt: 20 Minuten

Einleitung: Ca. 15 % der Präsentation (3-4 Minuten)

**\*Opener in Form eines Zitats:**

„Work-Life-Balance bedeutet eine neue, intelligente Verzahnung von Arbeits- und Privatleben vor dem Hintergrund einer veränderten und sich dynamisch verändernden Arbeits- und Lebenswelt." (Bundesministerium für Familie, Senioren, Frauen und Jugend, 2005)

**\*Begrüßung der Studenten und Vorstellung der eigenen Person:**

Liebe Studenten und Studentinnen, herzlich Willkommen zur heutigen Präsentation zum Thema „Selbst- und Zeitmanagement im Studium: Möglichkeiten und Grenzen."

Mein Name ist Lea Biechele und ich stehe kurz vor dem Abschluss im Studiengang Soziale Arbeit Bachelor of Arts. Somit kann ich mich sehr gut in Ihre Lage hineinversetzen und weiß mit welchen Zweifeln, Sorgen und Ängsten Sie möglicherweise zu kämpfen haben.

Mein Ziel ist es heute, Ihnen einige nützliche Tipps und Tricks sowie namenhafte Techniken des Selbst- und Zeitmanagements an die Hand zu geben, damit Sie in 3 ½ Jahren tiefenentspannt der Übergabe Ihrer Bachelorurkunde entgegensehen können und dies, ohne Abstriche bezüglich Ihrer Familie oder Ihres Privatlebens gemacht haben zu müssen.

**PowerPoint**: 1. Folie mit Opener und Thema der Präsentation, Vor- und Nachname sowie Studiengang der Rednerin.

**\*Nennung der Kernbotschaft der Präsentation:**

Ganz nach dem Motto: Selbst- und Zeitmanagement: Schlüsselkompetenzen für effiziente Zielerreichung im Privat- und Berufsleben, sowie eine gesunde Work-Life-Balance.

**PowerPoint:** 2. Folie mit Kernbotschaft der Präsentation.

**Flipchart:** Im Anschluss werden die Studenten dazu aufgefordert, sich per Wortmeldung über ihre möglichen Zweifel, Ängste und Sorgen zu äußern. Diese werden auf einem Flipchart gesammelt und sollen während der Präsentation an den entsprechenden Punkten aufgegriffen und bestenfalls widerlegt werden (ca. 5 Wortmeldungen).

**\*Vorstellung der Gliederung um dem Publikum einen Überblick über die kommenden Inhalte der Präsentation zu verschaffen:**

| | |
|---|---|
| Einleitung | 2. Zeitmanagement als Ausdruck einer guten |
| Hauptteil | Organisation |
| 1. Selbstmanagement als Thema in unserer | 2.1 Zeitmanagement: Begriffsbestimmung |
| sich stetig verändernden Welt | 2.2 Modelle der Zeitmanagementtechniken |
| 1.1. Selbstmanagement: Begriffsbestimmung | und ihr praktischer Nutzen |
| 1.2. Modelle der Selbstmanagementtechniken | a) Prioritäten setzen: Pareto-Prinzip und |
| und ihr praktischer Nutzen | ALPEN-Methode |
| a) Umgang mit Misserfolgen | b) Innere Antreiber und Erlauber |
| b) Die Bedeutung von Zielen: SMART | Schluss |
| -Formel | |

**PowerPoint:** 3. Folie mit Gliederung und Ablauf der Präsentation, roter Faden „vom Problem zur Lösung"

**\*Überleitung zum Hauptteil.** \*(Renz, 2016, S. 54–58)

*Hauptteil*

**Zeitliche Planung:** Ca. 75 % der Präsentation (15 Minuten)

1. Selbstmanagement als Thema in unserer sich stetig verändernden Welt

Selbstmanagement ist aktueller denn je, da der rasante Wandel unserer Umwelt durch gesellschaftliche Veränderungen, wie z.B. den demographischen Wandel, veränderte Familienstrukturen und durch Trends und Entwicklungen in der Arbeitswelt, wie z.B. Globalisierung und Digitalisierung oder Arbeiten 4.0 vielfältige Einflüsse auf jedes Individuum hat. Das kann sich zum Beispiel durch Symptome wie Zeitdruck, innere Unruhe,

Schlaflosigkeit und/ oder erhöhtes Stressempfinden auswirken und sogar im Burnout enden. (Arenberg, 2018, S. 13–27)

Um Dem vorzubeugen und eine ausgewogene Work-Life-Balance herzustellen, hat sich ein gutes Selbst- und Zeitmanagement bewährt. (Weisweiler, Dirscherl & Braumandl, 2013, S. 13)

**PowerPoint:** 4. Folie verschiedene Bilder auf einer Folie zu den genannten Veränderungen in der Welt.

1.1 Selbstmanagement: Begriffsbestimmung

Man kann ein funktionierendes Selbstmanagement beschreiben als „die Fähigkeit, persönliche Ziele und Werte sowie Motive so in Einklang zu bringen, dass Ziele erreicht werden und dabei Zufriedenheit erlebt wird." (Kehr 2002; zitiert nach Weisweiler et al., 2013, S.135)

„Selbstmanagement" wird sowohl im wirtschaftlichen als auch im therapeutischen Kontext verwendet, die Beiden Begriffe sind nicht trennscharf und allen Definitionen liegt letztendlich ein Verständnis der Verhaltensveränderung zugrunde, die vom Individuum selbst angestrebt wird. (Arenberg, 2018, S. 29–30)

Um erfolgreich Selbstmanagement zu betreiben, muss gewährleistet sein, dass ein fester Wille zur Änderung vorhanden ist, sowie die Freiheit, diese Änderung ausleben zu können.

Wenn Selbstmanagement als Handlungsfähigkeit in komplexen Situationen (Weisweiler et al., 2013, S. 17) betrachtet wird, müssen gewisse Fähigkeiten, Kompetenzen und Kenntnisse vorhanden sein, um diese zu erlangen:

Fähigkeiten zur Problemlösung; Zielfindung und –definition; zur Klärung der eigenen Werte; zur Selbstbeobachtung, –wahrnehmung und -regulation sowie zur Stressbewältigung. (Arenberg, 2018, S. 32–33)

Was für positive Unterschiede ein gutes Selbstmanagement erzielen kann, berichten Storch und Krause anhand ihres Erfolgs mit dem Zürcher Ressourcen Modell (ZRM), einer Methode zum selbstbestimmten Handeln. So konnten sie an Hand wissenschaftlicher Forschungen bereits viele positive Ergebnisse wie z.B. positivere Selbstwirksamkeit, Stress- und Gewichtsreduktion erzielen. (Storch & Krause, 2017, S. 311–320)

Anhand zweier beispielhafter Selbstmanagementtechniken wird im weiteren Verlauf der Präsentation deren Nutzen veranschaulicht.

**PowerPoint:** 5. Folie mit kurzer Definition zum Begriff Selbstmanagement und einer bildlichen Veranschaulichung einer guten Work-Life-Balance.

1.2. Modelle der Selbstmanagementtechniken und ihr praktischer Nutzen

a) Selbstwirksamkeitsüberzeugungen: Motivation und Umgang mit Misserfolgen

Die mentale Einstellung einer Person ist vor allem beim Lösen von Problemen von großer Wichtigkeit. Eine positive statt einer negativen Fokussierung auf die Dinge, kann zu einer besseren Problemlösefähigkeit beitragen. Dabei sind positive Fokussierungen z.B. Dinge wie „Ich schaffe das", „Ich kann es", „Ich werde auch bei Misserfolgen nicht nachlassen". Beispiele für negative Fokussierungen sind z.B. „Ich werde doch scheitern", „Das versuche ich erst gar nicht" oder „Ich kann das nicht.". Dies wurde von Dweck (1991) festgestellt und kann auch an Hand von Studien (Lee, F. K., Sheldon, K. M., & Turban, D. B., 2003) argumentiert werden, die bewiesen haben, dass der Fokus auf Hilflosigkeitskognitionen die Unsicherheit und Selbstkritik einer Person fördern. (Weisweiler et al., 2013, S. 26)

Die aufgeführten Techniken können beim Umgang mit Misserfolgen eingesetzt werden:

- Ressourcen- und Lösungsorientierung: Man setzt sich bewusst mit dem eigenen IST-Zustand auseinander, indem man sich Fragen wie z.B.:

Welche Stärken habe ich? Welche Möglichkeiten stehen mir offen? Was habe ich bereits erreicht? Welche Erfahrungen bringe ich ein?,

stellt. Der SOLL-Zustand wird erstmal in den Hintergrund gerückt.

Nur wer an sich selbst glaubt, kann sich dazu motivieren Probleme tatsächlich anzugehen. (Weisweiler et al., 2013, S. 26)

- Differenzierung positiver und negativer Aspekte: Im Kopf wird eine Trennung von positiven und negativen Aspekten vorgenommen, wobei man sich stärker auf die positiven Aspekte konzentrieren, die negativen dabei aber nicht verdrängen, sondern nur weniger beachten soll. Dadurch werden Stärken, Chancen und Möglichkeiten aktiviert.

- Akzeptieren was nicht verändert werden kann: Zum Schluss soll überlegt werden, welche Bereiche verändert werden können und sollen, für diese werden angemessene Lösungsschritte generiert und eingeleitet. Was nicht verändert werden kann wird entweder akzeptiert, ignoriert oder bekämpft, nach dem Motto: „Love it, leave it or challenge it". (Weisweiler et al., 2013, S. 159–161)

So konnte beispielsweise eine Untersuchung mit Lehrern offenlegen, dass durch geringe Selbstwirksamkeit das Risiko für Stress am Arbeitsplatz und Burnout deutlich erhöht ist. (Schwarzer & Hallum, 2008) Die persönliche Einstellung eines jeden Menschen und seine Möglichkeiten zum ressourcenorientierten Handeln hängen also stark mit der Verwirklichung der Umsetzung des eigenen Selbstmanagements zusammen. (Weisweiler et al., 2013, S. 26)

**PowerPoint:** 6. Folie mit den drei Stichpunkten zum Umgang mit Misserfolgen.

b) Die Bedeutung von Zielen im Selbstmanagement

Die Zielsetzung ist in jedem Selbst- und Zeitmanagementtraining ein Kernbestandteil und steht meist am Anfang einer Veränderung. Vielen Menschen fällt es allerdings schwer ihre Wünsche zum Ausdruck zu bringen, sie haben Probleme damit Ziele konkret zu definieren. (Arenberg, 2018, S. 89)

Laut Koestner, Lekes, Powers und Chicoine (2002), gibt es viele Fehler die man bei der Zielsetzung machen kann:

Es werden zu viele Ziele gesetzt, verschiedene Ziele konfligieren miteinander, die Zielerreichung gestaltet sich als zu schwierig oder unrealistisch; Ziele entsprechen nicht den eigenen Bedürfnissen sondern werden von der Außenwelt und von Dritten geprägt; es gibt keine konkreten Handlungspläne zur Erreichung der Ziele.

Da die Qualität der Zielformulierung aber mit der Höhe des tatsächlichen Erfolges zusammenhängt, was die Studie von Latham & Yukl (1975) zeigt, ist eine korrekte Zielsetzung von großer Bedeutung.

In der Studie wurde zwischen „do your best"-Zielen, als eher schwammig formulierten Zielen, (z.B.: Machen Sie das Beste daraus, alles soll reibungslos ablaufen, etc.) und „specific and difficult"-Zielen, als spezifischen und herausfordernden Zielsetzungen, (z.B.: Ich möchte heute mindestens 2 Kilometer joggen, heute Abend essen wir keine Kohlenhydrate, etc.) unterschieden. (Arenberg, 2018, S. 63–66)

Am Ende ist allerdings vor allem die Willenskraft des Einzelnen entscheidend.

In der Praxis kann sich eine richtige Zielformulierung an der sogenannten „SMART-Formel" orientieren:

| | |
|---|---|
| S | Spezifisch: Konkret, eindeutig formuliert und schriftlich fixiert für eine bestimmte Person und ihren Aufgaben- bzw. Verantwortungsbereich. |
| M | Messbar: Quantitative und qualitative Zielfestlegungen |
| A | Attraktiv: Anspruchsvoll, herausfordernd und relevant |
| R | Realistisch: Das Ziel muss mit Hilfe der vorhandenen Ressourcen erreichbar sein |
| T | Terminierbar: Ziele und Teilziele haben ein festes Datum bzw. Zeitpunkt an dem sie erreicht werden müssen |

(Weisweiler et al., 2013, S. 95–97)

Die SMART-Formel besitzt eine hohe Merkfähigkeit und wird in vielen Trainings und Weiterbildungen angewandt, zudem findet sie auch im Alltag Verwendung bei der Zielsetzung. (Arenberg, 2018, S. 63) Sie leitet sich aus der wohl bekanntesten und im Selbstmanagement am weitesten verbreiteten Zielsetzungstheorie (Locke, E. A., & Latham, G. P, 1990) ab und ist somit wissenschaftlich fundiert.

Ebenfalls aus der Forschung (Weisweiler et al., 2013, S. 18–32) bekannt ist, dass ein gutes Selbstmanagement positiv auf das eigene Zeitmanagement wirkt. Das eigene Verhalten wird dadurch zielgerichtet beeinflusst, was beim Zeitmanagement eine große Rolle spielt. (Weisweiler et al., 2013, S. 77) Häufig wird „Zeitmanagement" als integraler Bestandteil des Selbstmanagements angesehen. (Arenberg, 2018, S. 87)

**PowerPoint:** 7. Folie mit der SMART-Formel, inclusive Erklärung zu den einzelnen Buchstaben.

**Flipchart:** Erstellung eines Beispiels aus dem Alltag eines Studenten zur SMART -Formel mit Hilfe der Zuhörer, die sich per Wortmeldung beteiligen können.

2. Zeitmanagement als Ausdruck einer guten Organisation

„Nicht das Beginnen wird belohnt, sondern einzig und allein das Durchhalten."

(Katharina von Siena o.J.; zitiert nach Prieß & Spörer, 2015, S. 241)

Wie zu Beginn beim Thema Selbstmanagement bereits angesprochen, unterliegen unsere Umwelt und die in ihr lebende Gesellschaft einem stetigen und rasant fortschreitenden Wandel. Um unter diesem immensen Zeit- und Leistungsdruck nicht im Burnout zu landen, ist ein gutes Selbst- und vor allem auch Zeitmanagement von großer Bedeutung. (Prieß & Spörer, 2015, S. 17–21) Letzteres dient dazu, sich selbst, sowohl im Privatleben als auch in der Arbeitswelt, organisieren und die eigene Zeit sinnvoll und effektiv managen und nutzen zu können. (Weisweiler et al., 2013, S. 13)

2.1 Zeitmanagement Begriffsbestimmung

Im Gegensatz zum traditionellen Verständnis von Zeitmanagement, bei dem es vor allem darum ging, Kontrolle zu gewinnen und damit ein erfüllteres Leben zu führen, geht es heute viel mehr darum, Wichtiges zu erkennen und dadurch Prioritäten setzen zu können.

Der Zwiespalt zwischen Erwartungen die an eine Person gestellt werden und deren eigenen Wünschen und Bedürfnissen führt zu der Frage, wie Zeit am besten genutzt werden kann. (Graf, 2012, S. 213–214)

Jeder Mensch trifft unentwegt Entscheidungen darüber, wie und für was er seine Zeit einsetzt und hegt das Bedürfnis, dies möglichst effizient zu tun. Zeitmanagementmethoden eigenen sich nicht nur für Manager oder höhere Angestellte, sondern sind für Jedermann nützlich und von Vorteil. Dabei basieren sie immer auf individuellen Werten, Motiven und Zielen. Das Ziel ist es, diese im Privat- und Arbeitsleben in Einklang zu bringen. (Arenberg, 2018, S. 87)

Wie so ein Zeitmanagementtraining aussehen kann, wird nun an Hand einiger Techniken verdeutlicht.

**PowerPoint:** 8. Folie bildlicher Vergleich eines Studenten mit und eines Studenten ohne Zeitmanagement mit lachendem/traurigen Gesicht, sowie einem Zitat.

2.2 Modelle der Zeitmanagementtechniken und ihr praktischer Nutzen

a) Prioritäten setzen: Pareto-Prinzip und ALPEN-Methode

„Erfolg stellt sich ein, wenn man gelernt hat, sich auf wesentliche Dinge zu reduzieren, seine begrenzten Energien auf seine Ziele zu fokussieren und seine Aufgaben stetig zu priorisieren!" (Prieß & Spörer, 2015, S. 55)

Die Grundsubstanz beim Prioritäten setzen ist das bewusst machen der eigenen Werte. Diese machen deutlich, was für einen Menschen wirklich wichtig und wertvoll ist. Auf dieser Basis können anschließend Ziele gesetzt, Entscheidungen getroffen und eine Reihenfolge sowie Handlungsprioritäten abgeleitet werden. Wertkonflikte oder nicht ausgelebte Werte können dadurch auch besser „ausgehalten" werden, weil an Stelle eines Wertes ein im Moment noch „wichtigerer" gesetzt wird. Der Spagat zwischen Kinder- und Karriereplanung ist ein praktisches Beispiel für solch einen Wertkonflikt. (Weisweiler et al., 2013, S. 101)

Relevante Techniken zur Prioritätensetzung sind z.b. das Pareto-Prinzip und die ALPEN-Methode.

Für eine erste grobe Einschätzung hat sich das Pareto-Prinzip sehr gut bewährt. Sein Erfinder und Namensgeber, der italienische Soziologe und Ökonom Vilfredo Pareto, stellte bei einer Untersuchung der Verteilungsverhältnisse von Eigentum in Italien fest, dass 80 % des Eigentums in den Händen von 20 % der Bevölkerung waren. Diese Beobachtung lässt sich auch auf andere Bereiche übertragen. Im Zeitmanagement meint dies, dass in 20 % der Zeit 80 % der Ergebnisse erreicht werden können. Hierbei geht es darum eine Entscheidung darüber zu treffen, was zur Erreichung eines Zieles wirklich relevant ist. (Arenberg, 2018, S. 93)

Da die Informationsverarbeitung durch handschriftliches Schreiben erhöht wird (Mueller & Oppenheimer, 2014), ist es sinnvoll seine Ziele auch schriftlich festzuhalten.

Zu einer guten Planung gehören außer der schriftlichen Zielsetzung: Die Bestimmung der vorhandenen Ressourcen, eine Klarstellung der eigenen Verantwortlichkeiten, eine Aufgliederung der einzelnen Arbeitsschritte sowie deren zeitliche Einteilung, ein Starttermin und eine Frist, die bei der Zielerreichung eingehalten werden sollen. Dabei müssen stets Pufferzeiten eingeplant werden. Der Zwischenstand und die erfolgreiche Umsetzung der geplanten Aufgaben müssen regelmäßig bzw. am Ende des Tages kontrolliert werden.

Die ALPEN-Methode ist ein Prozess, der Hilfestellung für eine gute Planung leisten kann. (Prieß & Spörer, 2015, S. 67–69)

| A | Aufgaben aufschreiben |
|---|---|
| L | Länge bzw. Dauer der einzelnen Aufgaben schätzen |
| P | Pufferzeiten einplanen |

E                  Entscheidung über Prioritäten treffen

N                  Nachkontrolle

(Arenberg, 2018, S. 96)

Sie geht auf den Amerikaner Alan Lakein zurück, das deutsche Merkwort stammt von Lothar Siewert. (Prieß & Spörer, 2015, S. 69)

**Flipchart:** Tortendiagramm 80%-20% aufzeichnen und mit Hilfe der Zuhörer, die sich per Wortmeldung beteiligen, Beispiele für das Pareto-Prinzip im Alltag suchen und anschreiben.

**PowerPoint:** 9. Folie mit dem Merkwort der ALPEN-Methode, inclusive Erklärung zu den einzelnen Buchstaben.

Dass trotz guter Planung nicht immer alles „rund läuft" wird im nächsten und letzten Punkt des Hauptteils der Präsentation deutlich.

b) Innere Antreiber und Erlauber

Selbst bei idealer Anwendung aller Techniken gibt es im Leben immer wieder Momente, in denen man sich gestresst und unter Druck gesetzt fühlt. Wenn das passiert, können „innere Antreiber" aktiviert werden. (Arenberg, 2018, S. 97–99)

Die inneren Antreiber wurden in den 1970er Jahren von den Psychologen Taibi Kahler und Hedges Capers im Rahmen der Transaktionsanalyse entwickelt. Sie sind im Prinzip Lebensmaxime, die durch die ständige Vermittlung der Eltern während der Kindheit verinnerlicht worden sind. Vor allem fünf dieser Aufforderungen prägen das spätere Leben vieler Menschen bis in hohe Alter: Sei perfekt, Streng dich an, Mach es allen recht, Beeile dich und Sei stark.

Die Grundbedürfnisse nach Sicherheit, Zugehörigkeit und Anerkennung werden wohl über diese Muster befriedigt, allerdings werden sie schädlich, wenn keine Freiheit im Umgang mit ihnen vorhanden ist. Sie fungieren dann als „Scheuklappen" und sind ständig mit der Angst des Scheiterns verbunden. (Groher, 2014, S. 44–47)

Um dem entgegenzuwirken können solche Störenfriede im Rahmen des Zeitmanagements identifiziert und passende „Erlauber" entgegengesetzt werden um die Situation auszugleichen. Diese können z.B. wie folgt lauten: Ich darf auch Fehler machen; Ich darf mir die Zeit nehmen; Ich bin liebenswert, so wie ich bin; Ich darf mich ausruhen und entspannen; etc. Dieser Prozess der Verhaltensveränderung ist langwierig und kann nach Wunsch auch therapeutisch begleitet werden. (Arenberg, 2018, S. 98–99) Der erste Schritt zur Besserung ist, sich selbst einzubringen und Selbsterkenntnis zu wagen. (Groher, 2014, S. 47)

**PowerPoint:** 10. Folie mit Gegenüberstellung von Antreibern und Erlaubern.

*Schluss*

**Zeitliche Planung:** Ca. 10% der Präsentation (2-3 Minuten)

**\*Fazit und Appell**

Zusammenfassend lässt sich sagen, dass Selbst- und Zeitmanagement nur dann einen Nutzen hat, wenn man selbstreflexiv, aus eigener Kraft und mit eigenem Willen zu einer Verhaltensveränderung bereit ist. Ein positives Selbstbild sowie eine positive Einstellung zu den eigenen Fähigkeiten und Kompetenzen sind dabei genauso wichtig wie die richtige Planung und Zielsetzung vor Beginn einer Aufgabe.

Die in dieser Präsentation genannten Methoden und die darin enthaltenen Techniken können nur als Hilfswerkzeuge fungieren, sie dienen nur als „Anstoß", der Erfolg ist dabei abhängig von der Umsetzung, denn Handeln muss ein Jeder für sich. Doch die Kombination aus Willenskraft, richtiger Methode und deren Umsetzung sind gute Wegweiser für eine ausgewogene Beziehung zwischen Privat- und Berufsleben.

Die Kernbotschaft der Präsentation „Selbst- und Zeitmanagement: Schlüsselkompetenzen für effiziente Zielerreichung im Privat- und Berufsleben, sowie eine gesunde Work-Life-Balance", soll dazu bewegen, sich während des gesamten Lebens immer wieder daran zu erinnern, dass es möglich ist seine Ziele zu erreichen ohne ständig Stress zu empfinden oder sogar im Burnout zu landen.

**\*Dank an die Zuhörer und Überleitung zur Diskussion** \*(Renz, 2016, S. 62–63)

Vielen Dank für Ihre Aufmerksamkeit, ich hoffe ich konnte Ihnen ihre Zweifel und Ängste bezüglich der Organisation im oder mit dem Studium nehmen und Ihnen einen kleinen Einblick in die Möglichkeiten und Grenzen des Selbst- und Zeitmanagements geben. Im Anschluss finden Sie alle PPT-Folien sowie ein Handout zum Download im E-Campus. Gerne nehme ich mir noch ein paar Minuten für Sie Zeit. Gibt es noch etwas, was Sie zu dem Thema interessiert oder haben Sie sonstige Anregungen?

## IV. Gestaltung einer PowerPoint-Folie

Bei der Gestaltung der PowerPoint-Folie wurde darauf gesetzt, dass Menschen primär in Bildern und Assoziationen denken. Der Wiedererkennungswert von Bildern ist sehr hoch, die Visualisierung durch Farben, Bilder oder Karikaturen dient auch der Aktivierung der Zuhörer. Außerdem wird durch die Abwechslung von Text und Bild die Aufmerksamkeit gesteigert und die Präsentation kann lockerer und interessanter gestaltet werden. Ein minimalistisches Design sorgt für Übersichtlichkeit. Das Design der Folie und die Schrift des Zitats sind in der Farbe Hellgrün gehalten, da dies die Farbe der Fernhochschule ist und sie repräsentiert. Häufige Assoziationen mit der Farbe Grün sind: beruhigend, entspannend, frisch, sicher, positiv. Die Schriftart ist Arial, da sie gut lesbar und dem Zuschauer bekannt ist. Dabei ist die Textmenge gering gehalten, um eine Reizüberflutung zu vermeiden. Die Überschrift ist in Schriftgröße 32, damit sie vom ganzen Raum aus gut gelesen werden kann. Außerdem ist sie zentriert, da dies bei Zitaten und Überschriften gängig ist. Die Quellenangabe ist klein gehalten, da sie sonst vielleicht zu Verwirrung führen könnte und für die Informationsvermittlung der Folie nicht relevant ist. Beim völligen Verzicht auf die Quellenangabe würde allerdings der Urheberschutz verletzt werden. Zum Schluss wurde die Folie auf Rechtschreibung und Grammatik überprüft. (Renz, 2016, S. 95–147)

## V. Erfolgsfaktoren einer Präsentation

Wie wichtig der erste Eindruck ist, weiß man spätestens nach seinem ersten Bewerbungs-gespräch oder dem ersten Date. Im Kontext von Präsentationen ist dieser vor allem dann wirksam, wenn vor einem fremden Publikum gesprochen wird. Kennzeichen die den ers-ten Eindruck beeinflussen sind Körpermerkmale wie z.b. ein gepflegtes Äußeres und das gesamte Erscheinungsbild, die Kleidung einer Person, ihre Körpersprache und ihre Stimme und Sprache. Dies konnte ebenfalls durch verschiedene Experimente (Willis, J., & Todorov, A., 2006) belegt werden, die herausfanden, dass sich die Urteile über eine Person bei längerer Betrachtung im Wesentlichen - mit einer Ausnahme: Vertrauen - nicht mehr gegenüber dem ersten Eindruck änderten. (Arenberg, 2015, S. 41–42)

Präsentation bedeutet Kommunikation. Dabei kann unterschieden werden zwischen ver-baler Kommunikation: WAS wird gesagt?

Non-verbaler Kommunikation: WIE wird es gesagt? In Bezug auf Gestik, Mimik, Distanz und Blickkontakt

und

Para-verbaler Kommunikation: WIE wird etwas gesagt? Was das Sprechverhalten in Be-tonung, Stimmlage, Sprechtempo etc. meint.

Wie wichtig dabei die non-verbale Kommunikation ist zeigt eine Studie (Mehrabian, 2017), aus der sich auch die 55-38-7 Regel ableitet. Diese besagt, dass Kommunikation zu 55 % aus non-verbalen, zu 38 % aus paraverbalen und zu 7 % aus inhaltlichen, also verbalen Signalen zusammengesetzt ist. Dies lässt darauf schließen, dass es vielmehr da-rauf ankommt WIE man etwas sagt und nicht (immer) darauf WAS man sagt. (Arenberg, 2015, S. 37–40)

Neben dem ersten Eindruck und der Kommunikation trägt auch das eigene Mind-Setting[2] einen erheblichen Teil zu Erfolg oder Misserfolg bei. Man sollte mit einer positiven in-neren Einstellung an die Sache rangehen, sich gut vorbereiten und während der Präsenta-tion wohl fühlen um authentisch und locker zu wirken. Eine gute Vorbereitung ist das „A und O", sie hilft dabei Lampenfieber vorzubeugen und sorgt dafür, dass alles nach Plan

---

[2] engl. für Einstellung/ Denkweise

läuft. Die Zuschauer spüren Unsicherheiten, dies wirkt sich negativ auf deren Aufmerksamkeit und Interesse aus und der Redner wird evtl. nicht mehr ernst genommen. (Renz, 2016, S. 151–162)

Die Kommunikationsregel von Paul Watzlawick „Es ist unmöglich nicht zu kommunizieren" (Watzlawick, Beavin & Jackson, 2011, S. 59) zeigt, dass auch Menschen die nicht verbal kommunizieren, die also schweigen oder sogar gar nicht handeln, Signale damit senden. Sind die Signale die ein Redner über seine Körpersprache sendet anders als das Gesagte, wirkt er Unglaubwürdig und es entstehen Zweifel gegenüber seiner Person und seinen Aussagen. (Arenberg, 2015, 40,41)

Eine klare und logische Struktur gibt der Präsentation ein Rahmen. Der rote Faden sollte stets sichtbar sein damit das Gehirn die aufgenommenen Informationen sortieren, an den entsprechenden Stellen einordnen und an vorhandene Informationen anknüpfen kann. Dadurch wird es für die Zuhörer auch einfacher aufmerksam zu bleiben. Außerdem ergibt sich so die Möglichkeit den Gedankengang des Redners nach einem Aufmerksamkeitsdefizit wieder aufzunehmen. Die vorliegende Einsendepräsentation ist deshalb nach dem Muster „vom Problem zur Lösung" aufgebaut. (Renz, 2016, S. 47–48)

Es sollte frei gesprochen werden, die Ausdrucksweise kann andernfalls schnell kalt und steif wirken. Eine eigene und spontane Wortwahl hilft dabei, authentischer zu wirken und an Überzeugungskraft zu gewinnen. Das Sprechtempo sollte angepasst werden und kleinere Pausen beinhalten. Dies sorgt z.B. dafür Höhepunkte durch entsprechende Betonung verstärken zu können und gibt dem Publikum die Möglichkeit das Gesagte zu reflektieren und im Gedächtnis einzuspeichern Zudem können kurze klare Sätze und kleine „Informationspakete" besser von den Zuhörern aufgenommen werden. Rhetorische Formulieren, wie z.B. inhaltliche Fragen an das Publikum oder das Verwenden von Zitaten, Redewendungen oder Wortspielen, können dazu beitragen Informationen interessanter „zu verpacken" (Renz, 2016, S. 167–173)

# Literaturverzeichnis

Arenberg, P. (2015). *Kreativitäts- und Präsentationstechniken.* Titel-Nr. 0246-04
(4. Aufl.). Riedlingen: Studienbrief der SRH Fernhochschule.

Arenberg, P. (2018). *Selbst- und Zeitmanagement.* Titel-Nr. 1410-01 (1. Aufl.). Riedlingen: Studienbrief der SRH Fernhochschule.

Bundesministerium für Familie, Senioren, Frauen und Jugend. (2005). *Work-Life-Balance. Motor für wirtschaftliches Wachstum und gesellschaftliche Stabilität.* Zugriff
am 13.03.2019. Verfügbar unter
https://www.bmfsfj.de/blob/95550/eb8fab22f858838abd0b8dad47cbe95d/work-life-
balance-data.pdf

Dweck, C. S. (1991). Self-theories and goals: Their role in motivation, personality, and
development. *In R. A. Dienstbier (Ed.), Current theory and research in motivation,
Vol. 38 Nebraska Symposium on Motivation,* pp. 199-235. Zugriff am 15.03.2019.

Graf, A. (2012). *Selbstmanagement-Kompetenz in Unternehmen nachhaltig sichern.
Leistung, Wohlbefinden und Balance als Herausforderung* (uniscope. Publikationen
der SGO Stiftung). Wiesbaden: Springer Gabler. https://doi.org/10.1007/978-3-8349-
7150-0

Groher, J. (2014). *FührungsKRAFT. Erfolgreiche Führung beginnt mitSelbstführung*
(Management). Offenbach: Gabal Verlag GmbH.

Hermann-Ruess, A. (2010). *Highlight-Rhetorik. Anleitung zur emotianlen Rhetorik mit
70 Highlights* (Business-Reihe). Offenbach: Gabal Verlag GmbH.

Koestner, R., Lekes, N., Powers, T. A. & Chicoine, E. (2002). Attaining personal goals:
Self-concordance plus implementation intentions equals success. *Journal of Personality and Social Psychology, 83*(1), 231–244. https://doi.org/10.1037/0022-
3514.83.1.231

Latham, G. P. & Yukl, G. A. (1975). A Review of Research on the Application of Goal
Setting in Organizations. *Academy of Management Journal, 18*(4), 824–845.
https://doi.org/10.2307/255381

Lee, F. K., Sheldon, K. M., & Turban, D. B. (2003). Personality and the goal-striving
process: The influence of achievement goal patterns, goal level, and mental focus on
performance and enjoyment. *Journal of Applied Psychology, 88(2),* 256–265.

Locke, E. A., & Latham, G. P. (1990). Work motivation: The high performance cycle.
In *Work motivation* (pp. 3–25). Hillsdale, NJ, US: Lawrence Erlbaum Associates,
Inc.

Mehrabian, A. (2017). *Nonverbal Communication:* Routledge.
https://doi.org/10.4324/9781351308724

Mueller, P. A. & Oppenheimer, D. M. (2014). The pen is mightier than the keyboard:
advantages of longhand over laptop note taking. *Psychological Science, 25*(6), 1159–
1168. https://doi.org/10.1177/0956797614524581

Prieß, A. & Spörer, S. (2015). *Zeit- und Projektmanagement. Neurowissenschaft und Methoden-Wissen erfolgreich vereint* (1. Aufl.). Freiburg: Haufe-Lexware.

Renz, K.-C. (2016). *Das 1 x 1 der Präsentation. Für Schule, Studium und Beruf* (2., überarbeitete und erweiterte Auflage). Wiesbaden: Springer Gabler. https://doi.org/10.1007/978-3-658-10211-1

Schwarzer, R. & Hallum, S. (2008). Perceived Teacher Self-Efficacy as a Predictor of Job Stress and Burnout: Mediation Analyses. *Applied Psychology, 57*(s1), 152–171. https://doi.org/10.1111/j.1464-0597.2008.00359.x

Storch, M. & Krause, F. (2017). *Selbstmanagement - ressourcenorientiert. Grundlagen und Trainingsmanual für die Arbeit mit dem Zürcher Ressourcen Modell (ZRM)* (6., überarbeitete Auflage). Bern: Hogrefe, vorm. Verlag Hans Huber.

Watzlawick, P., Beavin, J. H. & Jackson, D. D. (2011). *Menschliche Kommunikation. Formen, Störungen, Paradoxien* (12. unveränd. Aufl.). Bern: Huber.

Weisweiler, S., Dirscherl, B. & Braumandl, I. (2013). *Zeit- und Selbstmanagement. Ein Trainingsmanual - Module, Methoden, Materialien für Training und Coaching. Arbeitsmaterialien im Web.* Berlin: Springer. https://doi.org/10.1007/978-3-642-19888-5

Willis, J., & Todorov, A. (2006). First Impressions: Making up Your Mind after a 100-Ms Exposure to a Face. *Psychological science, 17(7),* 592–598. Zugriff am 19.03.2019. Verfügbar unter http://www.jstor.org/stable/40064417